AF258005

DE
L'IMPOT INDIVIDUEL

LETTRE
À M. POUYER-QUERTIER

Ministre des Finances

« L'appréciation de la juste mesure de l'impôt conduit, par la discussion, à l'amélioration du système politique : la recherche de la juste répartition de l'impôt conduit à l'amélioration du système social.

« Comte de HAUTEVILLE »

« C'est, dira-t-on, le plus grand bouleversement que vous proposez. Cela n'est pas vrai : c'est une opération régulière et simple, et dont tout l'effort consistera dans la desopilation du corps politique.

« Il est singulier et déplorable d'entendre la multitude des idiots. et même les bons esprits et les bons cœurs faire chorus avec les misérables intéressés au désordre, pour convenir que nous ne sommes pas dans le temps convenable d'apporter remède aux maux de l'Etat. Pourquoi donc le temps de la maladie ne serait pas celui des remèdes.

« J'ai avancé, à savoir : que l'oisiveté est à la charge de l'Etat et le travail à sa décharge.

« MIRABEAU. »

« Voilà pourquoi les imposteurs (inventeurs d'impôts) et autres fripons publics établissent toujours leurs monopoles sur les choses nécessaires à la vie, afin d'affamer doucement le peuple, sans que le riche en murmure, si le moindre objet de luxe ou de faste était attaqué, tout serait perdu : mais pourvu que les grands soient contents. qu'importe que le peuple vive

« J.-J. ROUSSEAU (Lettre à d'Alembert.) »

« Ce n'est pas le luxe qu'il faut protéger. c'est l'aisance qu'il faut répandre.

« SULLY. »

DIJON
IMPRIMERIE ET LITHOGRAPHIE F. CARRÉ
Rue Amiral-Roussin.
1871

A M. POUYER-QUERTIER

MINISTRE DES FINANCES

Monsieur le Ministre,

Les hautes fonctions auxquelles la confiance du président de la République vous a appelé, la notoriété qui s'attache à votre nom, et comme économiste, et comme agent diplomatique, m'imposent pour ainsi dire le devoir de traiter directement avec vous la question économique de l'*impôt individuel*.

Je sais bien que les tendances des hommes d'Etat, aujourd'hui, sont toutes dirigées vers la généralisation. « L'individu, dit-on, doit disparaître devant l'intérêt général, » d'accord, lorsqu'il s'agit d'un sacrifice à faire ; mais il n'en est pas moins vrai aussi, en principe mathématique, que les nombres sont composé d'unités, et qu'on ne saurait en rien modifier l'unité sans altérer le nombre dont elle fait partie.

Partant de cette simple idée, et remontant jusqu'à vos derniers actes ministériels les plus importants, c'est-à-dire ceux qui se rattachent à la question de l'impôt, je viens respectueusement vous soumettre les réflexions qu'ils m'ont inspirées, et qui sont, du reste, analogues à toutes celles que la presse entière vous a déjà soumises, sous toutes les formes.

En fait d'impôts vous n'avez, jusqu'ici, rien trouvé de mieux à faire que d'augmenter ceux qui existaient ; ce qui ne me paraît pas d'une force financière exceptionnelle pour arriver à accroître les ressources de l'Etat.

Il me semble que l'habileté eût plutôt consisté à en créer de nouveaux, plus en harmonie avec notre temps, avec nos besoins et avec nos espérances. Le commerce et l'industrie sont en pleine crise ; ils ont besoin, pour en sortir, qu'on allége le fardeau fiscal qui les écrase ; et, au lieu de l'alléger, vous y ajoutez du poids. — Croyez-vous que cela soit d'une logique bien serrée ? Voici ce que votre système d'aggravation va produire : vous réussirez parfaitement à arracher à notre malheureux pays jusqu'à ses dernières ressources ; mais vous ne lui en créerez pas de nouvelles ; or, vous le savez, il n'y a pas de richesse inépuisable, si elle n'est constamment renouvelée.

Je ne suis pas ministre des finances, ni même un financier à prétention, comme il en surgit tant de nos jours, je suis tout simplement un pauvre industriel campagnard, sans autorité et sans renom, mais il me semble cependant que si une mission comme la vôtre me fût échue, il serait sorti de mon cerveau quelque chose de mieux, de plus équitable, de plus moral surtout, que ce que vous avez proposé et fait voter par les représentants de la France.

Nous sommes tous les jours témoins, par exemple, du spectacle démoralisant de l'invasion de nos campagnes par une foule de gens sans aveu et sans occupation.

Ils cherchent partout, disent-ils, du travail et n'en trouvent point. En général, ils prétendent tous être Alsaciens ou Lorrains, ce qui n'est pas trop mal inventé pour attirer sur eux les sympathies et les aumônes. Quant à moi, vieil observateur du vagabondage sous toutes ses formes, je les crois plutôt des fainéants ou des communeux fuyant la police que des travailleurs sans ouvrage, obligés de s'expatrier pour ne pas devenir Prussiens.

Et cependant, comme l'a dit un ancien : « La misère est une chose sacrée, » et pour rien au monde je ne voudrais être rigoureux envers elle, tant que je n'aurai pas acquis la preuve de son indignité. Le manque absolu de contrôle sur les allégations de ces malheureux m'a suggéré l'idée de la création *d'un livret d'identité*, sans lequel aucun citoyen désormais, ne saurait ni vivre, ni se mouvoir civilement, ni exercer aucun droit dans la société.

Il est temps, il est grand temps, selon moi, qu'à une époque ou tout citoyen est électeur et éligible, on soit fixé sur cette question :

Qu'est-ce qu'un citoyen? Un citoyen français n'est pas le premier Français venu.

Ce doit être un homme qui, faisant partie intégrante, comme individualité, de la société française, est apte à exercer tous les droits qu'elle lui confère et à remplir tous les devoirs qu'elle lui impose.

Or, comment un homme pourra-t-il constamment, à toute heure, prouver qu'il est un bon et honnête citoyen? Je n'en vois pas le moyen au milieu du désarroi qui nous envahit, et qui est peut-être un des plus grands obstacles à la réédification de notre édifice social; à moins qu'à l'avenir tout homme se prétendant citoyen, ne soit muni d'une pièce qui soit un témoignage irréfragable de la justesse de cette prétention.

M'inspirant de la pensée d'un grand publiciste sur l'unité de l'impôt transformé en assurances — pensée qui a certainement l'avenir pour elle, je proposerai de munir l'homme appartenant à un état social quelconque et spécialement à la société française, d'un livret qui serait à la fois et la preuve de son identité et la constatation de ses services sociaux; de manière qu'en produisant cette pièce, on fût immédiatement fixé sur sa valeur morale et sur sa situation civile.

Avec ce livret, la police se ferait forcément un peu par tout le monde sans aucune mesure vexatoire. Aux gens qui imploreraient la pitié publique, on dirait : exhibez-nous votre carte civique? En cas de refus de leur part, on pourrait sans scrupule les livrer à l'autorité. Les logeurs, les aubergistes et les maîtres d'hôtel seraient tenus d'enregistrer sur leurs livres, la reproduction *exacte* des annotations de la carte de ceux qui viendraient leur demander à loger chez eux.

Tout voyageur qui ne pourrait produire sa carte serait conduit chez le commissaire de police qui aviserait à son égard. On voit déjà le résultat : plus de vagabonds! plus de paresseux! plus d'exploiteurs de la générosité publique, au détriment de la misère digne et honnête. Quant à ceux dont la carte d'identité révélerait les bons services et l'honnêteté, cela va de soi, toutes les portes leur seraient ouvertes, aussi bien celles qui conduisent aux dignités et aux honneurs, que celles qui assurent le travail et l'assistance. On ne saurait sortir de là que, dans une société bien ordonnée, la liberté ne peut être que l'apanage des bons citoyens à qui seuls doit être réservé le plein exercice de leurs droits. Et comme garantie contre la ruine sociale, Monsieur le Ministre, quelle assurance n'aurait pas un pays, dont la séparation des bons d'avec les mauvais pourrait, pour ainsi dire, s'opérer instantanément!

Je proposerais donc à la Chambre, si j'avais l'honneur d'être ministre ou député, de discuter et de voter une loi qui rendît obligatoire pour tout le monde, sans distinction d'âge, de sexe et de condition, le port de son livret ou carte d'identité.

L'Etat ferait les frais des imprimés. Ils seraient adressés aux préfets qui les répartiraient dans les communes avec ordre de les faire remplir par les secrétaires des mairies.

Les livrets porteraient en tête, *les titres de la France, les noms des départements, d'arrondissements, de cantons et de communes,* un numéro d'ordre, puis viendraient les noms et prénoms du citoyen, la date et le lieu de sa naissance, sa résidence actuelle, sa profession. Il y serait dit également s'il est célibataire, marié, s'il a des enfants et combien.

Pour les personnes mineures de l'un et de l'autre sexe, les livrets seraient renfermés dans une couverture *rose.* La couverture *blanche* serait affectée aux hommes majeurs ; la couverture *verte* aux femmes majeures et la *jaune* à ceux qu'une sentence judiciaire aurait privés de l'exercice de leurs droits civils ou politiques.

Ces livrets-cartes remplis par les soins du maire de chaque commune seraient retournés à la préfecture qui les transmettrait aux receveurs généraux, lesquels les feraient parvenir aux percepteurs qui les distribueraient aux titulaires contre le prix qui aurait été fixé par la loi. Ce prix pourrait être de cinquante centimes pour les mineurs des deux sexes et de un franc pour les majeurs.

Après toute inscription de naissance sur les registres de l'État civil, le maire dresserait un livret identique à cette inscription et le ferait parvenir au percepteur qui en percevrait le montant dans le mois de la délivrance. Si un décès survient, la famille porte le livret du défunt à la mairie pour faire dresser l'acte de décès, puis il est adressé par les soins du maire au receveur de l'enregistrement pour percevoir les droits de succession s'il y a lieu.

Par l'emploi obligatoire et général de ce livret, l'autorité peut tous les ans et toutes les fois que besoin est, procéder à un recensement de tous les citoyens, par sexe, âge, condition et moralité: Ce n'est plus qu'une affaire de récapitulation, un simple travail de bureau dans chaque mairie.

Le livret ou carte d'identité servirait *de carte d'électeur*. Sur sa présentation, le citoyen pourrait déposer son bulletin dans l'urne, et son vote serait constaté par l'apposition d'un timbre spécial à chaque élection. Il remplacerait le *passe-port*, sans visa et sans droit, pour voyager dans le département. Pour franchir cette limite, il faudrait en adresser la demande au maire qui apposerait son visa sur le livret, et dont la signature serait légalisée par la quittance du percepteur établissant qu'il a perçu la somme de deux francs si le titulaire est majeur et cinquante centimes s'il est mineur.

Si le citoyen veut convertir *son livret en permis de chasse*, il en fera la demande à l'autorité compétente, selon les règlements en vigueur. Le maire donne également son visa comme pour le passe-port, et le percepteur légalise et délivre quittance de la même manière, pour les droits annuels.

En cas de perte du livret, le titulaire serait condamné à payer une amende, à faire constater de nouveau son identité par témoins, et aux frais du rétablissement de sa carte. Selon la part de négligence qui aurait amené la perte du titre, le porteur pourrait encourir la peine d'un emprisonnement d'un à cinq jours et celle de la privation de ses droits politiques d'un mois à un an. Les tribunaux de simple police connaîtraient de cette contravention ; mais s'il y avait fraude, si le titulaire avait prêté son livret pour favoriser la fuite d'un malfaiteur, il serait traduit sur la réquisition du procureur de la République devant le tribunal correctionnel, en cas de délit, et devant la cour d'assises, en cas de crime, pour être jugé aux lieu et place de l'inculpé en fuite et encourir les mêmes peines que lui.

Après vous avoir montré les avantages moraux de la création des livrets d'identité, je voudrais, Monsieur le Ministre, vous faire toucher du doigt les avantages financiers qui en résulteraient. Cela me sera facile en basant le produit de mon nouvel impôt sur la population.

La population de la France est aujourd'hui de 38 millions.

En prenant la moitié de ce chiffre pour les personnes mineures, soit 19 millions, à 50 centimes, on a un revenu de . . . . 9,500,000 fr.

Les autres 19 millions de majeurs
à I fr., représentent une recette de 19,000,000

Dont le total est de . . . 28,500,000

Mais il faudrait déduire de cette somme :

Impressions, papiers et fournitures
pour 38 millions d'exemplaires
à 15 centimes. . 5,700,000 fr.
Frais de per-
ception 3 p. 0⟋0 . 855,000

6,555,000

En chiffres ronds. . . . 22,000,000 fr.

Voilà donc, Monsieur le Ministre, un impôt annuel de 22 millions qui, au lieu d'appauvrir la nation, la moralise et, jusqu'à un certain point, l'enrichit, en ce qu'il rend les méfaits moins faciles à commettre, supprime une partie des frais de la police criminelle, et empêche les malfaiteurs d'échapper à l'action de la vindicte publique.

Mais là ne se borne pas tout le mérite du livret d'identité. Il va servir à la perception d'un nouvel impôt, d'un impôt moral et équitable entre tous, celui du *dégrèvement de la famille.*

L'observateur n'a pas de peine à reconnaître que notre société s'est aujourd'hui élevée jusqu'à l'apogée de l'égoïsme et que les liens de la solidarité sociale se détendent tous les jours davantage, et menacent de se briser. Pour conserver le bien patrimonial, pour l'empêcher de se répartir en trop de mains et de le voir disparaître, on cherche à le concentrer dans quelques-unes seulement et le moins possible. Pour cela, on calcule sur le nombre des enfa ts. Les familles aisées n'en ont, en général, qu'un ou deux, bien rarement trois. Et ce qu'il y a de déplorable, c'est que notre organisation sociale excuse, si elle ne légitime pas, ces calculs égoïstes. C'est qu'en effet, avec une famille nombreuse, il faut travailler plus longtemps et les soucis de l'éducation sont plus lourds. On élève bien, et même très bien, un ou deux enfants ; mais si l'on en a quatre, cinq ou six, c'est une gêne permanente dont toute la maison souffre et dont l'avenir des enfants se ressentira.

Il faut faire abnégation de soi-même, alors que l'égoïsme, dont l'exemple nous déborde, commande tout le contraire. Ce serait là de la vertu et du dévouement ; mais le temps n'est plus ou l'homme, imbu des idées de foi et d'humanité, était heureux d'apporter sa pierre à l'édifice de l'avenir social. Aussi nos familles sont-elles réduites à un point que l'accroissement de la population demeure stationnaire entre 7 et 8 0⁄0.

Si du moins ces procédés malthusiens devaient compenser en qualité ce qu'ils font perdre en quantité, c'est-à-dire si les citoyens vivants en étaient meilleurs, on pourrait peut-être se résigner à cet état de choses ; mais c'est le contraire qui existe. On n'a qu'un enfant ; il est naturel que toute la tendresse du père et de la mère se concentre sur lui. Or, qui aime à l'excès craint à l'excès pour l'objet aimé. De là des soins extrêmes dépassant le but de la nature et faussant l'éducation civile. On enseigne ainsi à l'enfant à se préférer à tout, et on le rend à jamais antipathique à l'idée de sacrifice sans lequel il faut retrancher les mots de patriotisme et de dévouement. On efémine l'homme, l'égoïsme n'a enfanté qu'un égoïste de plus, qui, un jour, pourra à peine se draper dans le manteau d'un petit crevé. En attendant, sans valeur physique ni morale, il est le fléau de ses parents qui subissent ses moindres caprices dans la crainte de compromettre ses jours si précieux. L'étude le fatigue, les remontrances l'irritent, les professeurs l'agacent. Pauvre enfant ! qu'il fasse donc à sa volonté ! Et il ne se prive pas de la permission qu'on lui donne. Il ne fait rien ; et s'il n'est pas complétement idiot au sortir du collége, c'est qu'il s'est instruit superficiellement et comme par entendre dire, à la longue, mais sans peine ni travail. Du reste, pourquoi aurait-il travaillé, puisque ses parents, de peur qu'il ne se fatiguât trop l'esprit lui ont répété à satiété qu'il était assez riche pour ne rien faire. Aussi laissez entrer un homme ainsi élevé dans le monde ; la belle figure qu'il y fera ! Quel citoyen exemplaire ! La guerre peut éclater, le pays peut entrer dans des crises terribles ; le héros va surgir, le grand citoyen va se produire... Hélas ! que nous avons vu récemment le contraire, au sein de nos désastres ! combien en a-t-on vus de ces beaux fils gâtés se réfugier jusque dans les officines des ambulances ou dans les derniers rangs administratifs, pour éviter d'être obligés de prendre un fusil et d'aller affronter les périls de la guerre !

Laissant ces tristes exemples de côté, voyons ce qui se passe dans une famille composée de 4 à 6 enfants. Quelle que soit la fortune d'une telle famille, cette fortune sera, aux termes de nos lois divisée, en autant de parts égales qu'il y aura eu d'enfants ; et par conséquent chacun d'eux verra son bien-être réduit au 1⁄4 ou au 1ſ6 de ce que possédaient ses parents. Ces fractions seront donc insuffisantes, si l'enfant devenu homme veut vivre dans le milieu où il aura grandi. Le père de famille lui-même sera frappé le premier de l'inconvénient de cette division de son bien ; et il donnera à ses enfants une éducation plus robuste, des connaissances plus fructueuses, des habitudes plus laborieuses : de manière qu'un jour, ils puissent suppléer par leur travail ou leurs talents à ce qui leur manquera du côté du bien-être acquis.

Ne craignez rien pour ces enfants-là ; ils seront utiles à la société, et ils donneront en retour à cette société qu'ils auront servie un renouvellement d'honneur, de gloire et de fortune ; et leurs heureux parents pourront être fiers d'en avoir fait des hommes, des citoyens dans la véritable acception du mot.

Le père qui aura eu 4, 5 ou 6 enfants aura certainement eu une charge beaucoup plus lourde pour les élever que celui qui n'aura eu à ne songer qu'à un seul. Si ce sont des garçons, il subira 4, 5 ou 6 fois la loi militaire, et le plus souvent, tout en donnant à la patrie tant de défenseurs, il aura une fortune bien moindre à sauvegarder, que celui qui soustrait à ce service son unique enfant. Dans ce cas, ne serait-il pas strictement conforme aux lois de l'équité, de faire peser l'impôt quel qu'il soit, d'une manière relative au nombre des enfants qui composent les familles ? Alors seulement les charges seraient également réparties entre les citoyens, un juste encouragement serait donné à l'accroissement de la population ; et, au lieu d'aller à la décadence par l'abâtardissement de la race française, nous irions vers la régénération sociale par l'accroissement d'une population saine de corps, d'esprit et de mœurs.

Ces réflexions me ramènent naturellement sur le terrain de l'impôt, et je crois être dans le vrai en disant que, pour reposer sur base équitable qui serait sa véritable assiette, l'impôt devrait être réparti comme suit :

La famille étant composée du père et de la mère, il faudrait, pour qu'elle pût avoir une certitude de se perpétuer, qu'elle eût au moins deux enfants. Cela serait encore insuffisant, car une nation dont la population resterait stationnaire serait en pleine décroissance, c'est ici que l'axiôme (ne pas gagner c'est perdre) se trouve pleinement justifié.

Il faut donc que la population progresse et, pour cela, il est nécessaire qu'en moyenne chaque famille produise quatre enfants ; car ce n'est pas de l'exagération que de compter 25 0[0 pour la mortalité ; sur les naissances resteraient donc trois enfants qui représenteraient une augmentation de population de 25 0[0, chiffre sans lequel il n'y a pas réellement progrès.

Je voudrais donc une loi qui atteignît directement *en doublant l'impôt,* les célibataires des deux sexes à partir de l'âge de trente ans, ainsi que les familles sans enfant où n'en ayant qu'un.

La famille ayant deux enfants, au contraire, ne paierait plus qu'un demi-droiten sus ; avec 3 enfants, un quart, avec 4 et au-dessus un droit simple.

C'est ici que l'utilité de la carte d'identité se révèle tout entière. Lorsqu'il s'agirait d'imposer une personne, il n'y aurait qu'à consulter la *matrice des livrets* et, selon son état de famille, lui laisser plus ou moins de charges à supporter ; ceci ne représentera aucune difficulté pour l'impôt foncier. Les contrôleurs n'auraient qu'à prendre communication de la matrice des livrets d'identité et à appliquer l'impôt suivant la loi. En ce qui concerne l'impôt de l'enregistrement, il suffirait d'obliger les notaires à relater dans les actes la qualité de l'acquéreur inscrit sous tel numéro de la matrice de l'identité, lequel acquéreur étant, soit célibataire, père ou mère avec tant d'enfants, pour que le receveur de l'enregistrement applique le droit à percevoir, suivant son état de famille, et cette augmentation de droit serait assez considérable; au reste, il serait très facile à MM. les statistitiens de s'en rendre compte.

En résumé, cet impôt n'augmenterait pas de beaucoup la population ; mais il irait frapper l'égoïsme en pleine poitrine ; et ceux qui osent sacrifier les intérêts de la société à leur bien-être et à leurs intérêts propres sauraient que cette société veille avec sollicitude à sa défense et à sa conservation, et qu'il n'est pas permis de lui nuire sans l'en dédommager, si non de sa personne, du moins de ses deniers.

Telles sont, Monsieur le Ministre, les réflexions que je prends la liberté de vous soumettre dans cette

missive relativement à la répartition de l'impôt, je les
résume ainsi :

Puisqu'en présence des exigences de nos ennemis,
l'Etat est absolument obligé de se créer de nouvelles
ressources, que du moins l'Etat, s'inspirant de la dé-
tresse de l'industrie nationale, s'applique plutôt à l'alléger qu'à la surcharger ! qu'il frappe la paresse et
non le travail ; l'égoïsme et non le dévouement ; et
je lui réponds que ce sera là le meilleur moyen de
faire d'excellentes finances, tout en moralisant le pays.

Veuillez agréer,

Monsieur le Ministre,

les sentiments respectueux de votre serviteur,

J. M.

F. Carré.